DIN TEMPLUL INIMII

DIN TEMPLUL INIMII

POEME de IUBIRE

III

DANIELA TOPÎRCEAN

DIN TEMPLUL INIMII
POEME de IUBIRE III

Traducere și editare: Manuela Timofte
Copertă: Manuela Timofte
Prefață: Valeriu Marius Ciungan
Imagine copertă: https://www.pexels.com

Copyright © 2024 by Daniela Topîrcean

Cuprins

Prefață

Poemele Danielei crează un univers propriu diafan, luminos, plin de cântece în surdină, armonie, rugăciune, inefabil, pace, toate impregnate de o iubire tăcută, ca sursă de energie latentă şi de justificare a existenţei acestui intim refugiu.

Iubirea e Creatorul, iar Creatorul dăruieşte iubire şi o răsfrânge în "secunde luminoase","simfonii albastre" şi în "dulci insomnii". Inclusiv autoarea este parte a acestei creaţii în poemul "Vas de lut": "mă modelezi tăcut/ mă îmbraci cu lumină/ mă încălzeşti în cuptorul/inimii Tale "

Cuplul prezent în mai toate poemele este unul abstract, ideatic, contopirea fiind mai mult una confesivă ca modalitate de redescoperire şi regăsire a sinelui prin iubire: "Rătăceau în mine/ despletite/ neliniştile Isoldei/ inocenţa Julietei/ înflorea-n privirea mea…/ ca o maree/ neliniştea primei iubiri/ îmi inunda/ ţărmul inimii/ sfidându-mi/ imponderabilitatea, aripile străvezii…/în mine rătăceau/ corăbii pierdute,/ fantome diafane,/ despletite,/ atrase printr-o tăcută rezonanţă…-poemul Rezonanţa.

Poemele sunt construite în oglindă "Ai apărut in acelaş anotimp auriu/ pierdut într-un vis de demult/ să sprijini oglinda tăcerilor tale/ zugrăvite-n albastru cuvânt, de tâmpla mea transparentă…- Oglinda, ceea ce amplifică trăirile, poeta încercând să desluşască şi să asume sentimentele iubitului până la contopire - "Lângă tine""Lasă-mi sufletul / lângă tine…/ lasă-mă să vin / mai aproape/ din lumea de ţărână / aripile să-mi scape…/ Învăluie-mă cu liniştea/ cu mantia ta / cu stelele si luna,/ uşor/ încercuieşte-mi/ cu iubirea/ oasele bolnave de dor/ să nu mai ştiu/ care eşti tu/ şi care sunt eu,/ să simt cum soarele/-arcuieşte lumina/ pe degetul meu…"

Unele poeme sunt atinse de o lamentaţie discretă, subterană, de un uşor abandon, de o vocaţie dulce - tragică a predestinării şi împăcării cu sine, poemul "Rugăciune": Spune-mi/ că nimic/ nu mai e de făcut/ spune-mi/ că tot ceea ce trebuie să fiu/ sunt." nevoia unei confirmări explicite fiind de fapt forma de răsvrătire prin vers împotriva acestora.

Cuplul este unul ideal în universul creat dar incert şi paradoxal la contactul cu lumea simplă, reală: "spune-mi…/ ajunge la tine/ această ardere în plină iarnă? "- Spune-mi, "te-am imbrăţişat…/ pentru o clipă/ ai facut parte/ din mine însumi/ ai aflat/ că exist/ ţi-am reamintit că-mi aparţii " (Curcubeul). Există şi o justificată infatuare a Creatorului cu o tendinţă vanitos-acaparatoare:" iubirea mea este totul/ de la firul de iarbă / la fulger /

de la piatra pe care calci grăbit / la aripa unui înger…"- Definiţie, chiar şi în anticiparea trăirilor iubitului :"iti simt tristeţea planând în mine/ ca o frunză purtată de vânt/ sau poate-i doar toamna/ ce răsare dureros în cuvânt…" (Tristeţe).

Poemele Danielei sunt tot atâtea ferestre deschise cu linişte şi religiozitate spre universul pur şi nostalgic al iubirii.Cei ce mai credem în asta, printre care mă pun şi eu la socoteală, avem argumente în poemele ei că nu locuim un spaţiu părăsit, abandonat de sentimente, că poezia poate fi o frumoasă expresie a iubirii… poate cea mai frumoasă!

Cântec pierdut:

"De ce vrei să plâng/ eu sunt cântecul/ sunt oda bucuriei tale/ tu m-ai compus,/cântă-mă …/ De ce vrei să însetez,/ eu sunt izvorul tău/ sunt apa ta,/ soarbe-mă…/ De ce mă laşi goală /eu sunt vasul tău/ tu m-ai modelat / umple-mă…/ De ce vrei/ să flămânzesc,/ eu sunt pâinea ta,/ nu mă depărta/ de buzele tale…/ Iubire,/ mă binecuvântezi,/ sau mă pedepseşti/ cu dulcea suferinţă/ a flăcărilor Tale?"

Valeriu Marius Ciungan -membru USR

***

Preface

Daniela's poems create their own diaphanous, bright universe, full of muted songs, harmony, prayer, ineffable, peace, all impregnated by a silent love, as a source of latent energy and justification of the existence of this intimate refuge.

Love is the Creator, and the Creator gives love and reflects it in "bright seconds", "blue symphonies", and in "sweet insomnia". Even the author is part of this creation in the poem "Clay pot": "you shape me silently/ you dress me with light/ you warm me in your oven/ your heart."

The couple present in most of the poems is an abstract, ideational one, the fusion is more of a confessional one as a way of rediscovering and rediscovering the self through love: "a tide/ the anxiety of first love/ it fled/ the shore of my heart/ defying/ my weightlessness, bright wings…/ in me wandered/ lost ships,/ diaphanous ghosts,/ dishevelled,/ attracted by a silent resonance… (Resonance).

Poems are built in the mirror "You appeared in the same golden season/ lost in a dream long ago/ to support the mirror of your silences/ painted in blue word, by my transparent temple… - The mirror, which amplifies the feelings, the poet trying to discern and to assume the feelings of the lover until the fusion - "Next to you" "Leave my soul/ next to you…/ let me come/ closer/ from the world of dust/ let my wings escape…/ Wrap me in peace/ with your cloak/ with the stars, with the moon,/ slightly/ surround me/ diseased bones/of longing/ with love/ not to know/ who you are/ and who I am,/ to feel how the sun/arches the light/ on your finger my…"

Some poems are touched by a discreet, subterranean lament, by a slight abandonment, by a sweet-tragic vocation of predestination and reconciliation with oneself, the poem "Prayer": Tell me/ that nothing/ is left to be done/tell me/ that all I have to be/ I am." The need for explicit confirmation being, in fact, the form of rebellion by verse against them.

The couple is an ideal one in the created universe but uncertain and paradoxical in contact with the simple, real-world: "tell me…/ get to you / this burning in the middle of winter?"- Tell me, I hugged you…/ for a moment/ you were part / of myself/ you found out / that I exist/ I reminded you that you belong to me"(Rainbow). There is also a justified infatuation of the Creator with a vain-grabbing tendency: "my love is everything/ from the blade of grass/ to the lightning/ from the stone on which you are hurriedly treading/ to the wing of an angel…" - Definition, even in anticipation to the feelings of the lover: "I feel your sadness hovering in me/ like a leaf carried by the wind/ or maybe it's just autumn/ that rises painfully in the word…" (Sadness).

Daniela's poems are just as many windows open with peace and religiosity to the pure and nostalgic universe of love. Those who still believe in this, including myself, have arguments in her poems that we do not live in an abandoned space, abandoned by feelings, that poetry can be a beautiful expression of love, and perhaps the most beautiful!

Lost song:

"Why do you want me to cry/ I am the song/ I am the ode to your joy/ you composed me,/ you sing me…/ Why do you want me to be thirsty,/ I am your spring/ I am your water,/ - drink me…/ Why are you leaving me empty/ I am your vessel/ you shaped me/ -fill me up…/ Why do you want me/ to starve,/ I am your bread,/ do not take me away/ from your lips…/ Love,/ do you bless me,/ or do you punish me/ with the sweet suffering/ of Your flames?

Valeriu Marius Ciungan - member USR

***

Cuvântul Autorului

De cele mai multe ori iubirea ne surprinde, iubirea apare pe neaşteptate în viaţa noastră ca un cântec al fiinţei interioare, ca o flacără, simbolul vieţii însăşi…

Undeva, cândva, aflat în frământările tulburătoare ale iubirii, un suflet omenesc s-a întrebat dacă este vreo diferenţă între iubirea divină şi cea umană şi a descoperit că iubirea divină îmbrăţişează toate celelalte forme de iubire, iar celelalte forme de iubire sunt în esenţa lor o formă de dor mistuitor după Divinitatea care se ascunde în mod tainic în tot ce ne înconjoară.

Iubirea adevărată ne provoaca să ne naştem ca fiinţe divine renunţând la ego-ul nostru limitat. Ea este izvorul tainic din care sufletul nostru se inspiră, primeşte energie, făcând posibilă creaţia - divina expresie a sinelui divin lăuntric aflat în legătură cu energiile cosmice ale luminii. In iubire, nu există "a pierde". Cine iubeşte află că timpul şi spaţiul nu există, toate limitele dispar, imposibilul devine posibil. Fiinţa care a ridicat în sufletul său un altar închinat iubirii rămâne vie in eternitate. Iubirea este energia care te transformă într-o piatră preţioasă. Este procesul prin care cărbunele devine diamant, prin care firul de nisip devine perlă în frământarea intimă a scoicii. Iubirea te face mai frumos, mai luminos, mai bun, mai puternic.

Cine urmează drumul iubirii lăsând la o parte dorinţele propriului ego renaşte ca pasărea Phoenix din propria cenuşă. Cel ce iubeşte este cel ce dansează dansul, cel care cântă cântecul, cel ce se avântă în valuri, cel ce are curajul să trăiască nebunia şi frumuseţea mării dezlănţuite, cel care renunţă cu adevărat la propriile temeri şi dorinţe abandonându-se pe sine, binecuvântând fiecare pas al vieţii. Acel suflet are posibilitatea ca în tainiţa inimii, să găsească mângâierea sublimă a iubirii, mângâierea sublimă a luminii..

Daniela

***

Author's Word

Most of the time, love surprises us and appears suddenly in our life as a song of the inner being, like a flame, the symbol of life itself.

Somewhere, once, in the disturbing turmoil of love, a human soul wondered if there was any difference between divine and human love. It found that divine love embraces all other forms of love and all those are in essence a form of love, wounding longing for the Divinity which secretly hides both in the human and in everything around us.

True love challenges us to be born as divine beings by giving up our limited ego. That is the mysterious source from which our soul inspires, receives energy, and makes creation possible - the Divine expression of the inner divine self, connected with the cosmic light energy. In love, there is no "losing". Whoever loves will find out that time and space do not exist, that all limits disappear and the impossible becomes possible. The being who builds an altar dedicated to love in his heart remains alive for eternity. Love is the energy that turns you into a gemstone. It is the process by which coal becomes a diamond, by which the thread of sand becomes a pearl in the cherished turmoil of the shell. Love makes you better, righter, more powerful, and more beautiful.

The one who follows the path of love, leaving aside desires of his ego, is reborn like the Phoenix bird from its ashes. The one who loves is the one who dances the dance, who sings the song, the one who soars in the waves, who dares to live the madness and beauty of the raging sea, the one who truly gives up his fears and desires abandoning himself and blessing every step of life. That soul can find the sublime comfort of love and light in the mystery of the heart.

Daniela

***

Motto:

"În templul inimii,
Tu mi-ai adus iubirea
şi fericirea din înalte sfere,
când îngerii în ceruri zboară
şi-mpărtăşesc în lume
sfioase simfonii din flori, mistere…"

În Templul Inimii

***

"In the temple of the heart
You brought me love
and happiness from high spheres,
when the angels fly in heaven
and share with the world
shy symphonies of flowers, mysteries…"

In The Temple of the Heart

Te iubesc

- Te iubesc...
îți cântă inima mea,
șoptindu-ți numele
cu unicul sunet,
cu unica vocală
de înaltă frecvență
a iubirii
ce reverberează
valuri luminoase,
transcendente,
unduindu-se
în universul
sufletului meu...

Suntem uniți
de-a pururea
în fața stelelor,
în fața îngerilor,
pe care-i rog
mereu,
să te-ocrotească...

I love you

- I love you...
my heart sings to you
whispering your name
with the only sound
with a single
high-frequency vowel
of love
that reverberates
light waves,
transcendent,
rippling
in the universe
of my soul...

We are united
forever
in front of the stars
before the angels
whom I always
ask
to protect you...

Vis inocent

Îți mângâi tâmplele
cu degete străvezii
de lună,
îți mângâi tâmplele
cu adiere de poeme,
ce-n suflet,
tainic îmi răsună...

Îți mângâi tâmplele
cu viața trăită
în alt timp,
visată,
uitată...
iarăși visată
și trăită...

E un moment magic,
în care mă extind
în aer,
în soare,
în vis,
în vânt -
și-atunci țâșnesc
spre tine
cu tot ceea ce sunt,
ca o fântână arteziană
de cuvânt!

Innocent dream

I stroke your temples
with transparent fingers
of the moon,
I caress your temples
with a breeze of poems,
what mysteriously resonates
in my soul...

I stroke your temples
with the life lived
at another time,
dream,
forgot...
dreamed again
and lived...

It's a magical moment,
in which I expand
in the air
in the sun
in the dream
in the wind -
and then I gush
towards you
with all that I am
like an artesian well
of the word!

Tandru cuvânt

Îmi aşez fruntea
pe braţele inimii tale,
îmbrăcată-n
diafane flori de gând...

În culoarea limpede
a ochilor tăi
îmi găsesc liniştea,
ascultând tandru-ţi cuvânt...

Liniştea iubirii
pluteşte tainic
în lumina ce sufletele
ne înveşmântează...

La margine de univers
doar noi şi îngerii
trăim emoţia
copleşitoare a iubirii,
ce viaţa-ntreagă luminează...

Tender word

I place my forehead
on the arms of your heart,
Dressed in
diaphanous flowers of thought...

In clear colour
of your eyes
I find my peace
listening to your tender word...

The silence of love
floats mysteriously
in the light that souls
dresses us...

At the edge of the universe
just the angels and us
live the emotion
overwhelming of love
that life illuminates...

Inimă albastră

Îţi aminteşti, eram colegi de liceu
pe-atunci, eram colegi de clasă ...
tu, la matematici speciale priceput,
eu, tânăra romantică, sfioasă...

Din banca ta, din dreapta-n primul rând
capul spre mine întorceai ades...
eu mă-nroşeam, privirea-mi coboram,
când ochii tăi albaştri mă priveau cu înţeles...

Când studiam pe Eminescu, marele poet,
volumul meu de versuri ai împrumutat
minţind că l-ai uitat pe-al tău acasă,
şi-apoi, printre file un "Te iubesc" ai strecurat...

Încă mai păstrez biletul tău ce şade
tainic între filele îngălbenite ale cărţii,
iar lângă el, buchetul alb de ghiocei presaţi,
parfumul iubirii noastre înscrise-n cartea vieţii...

Ca doi copii romantici ne-am iubit,
a fost prima iubire de inimă albastră...
Atunci când ochii noştri-n taină s-au privit,
în univers a înflorit o minunată astră!

Blue Heart

You remember we were high schoolmates
back then, we were classmates...
you, skilled in special mathematics,
me, the romantic, shy young...

From your bank, from the right-first row,
you often turned your head towards me...
I was looking down, blushing
when your blue eyes looked with meaning at me...

When I was studying Eminescu, the great poet,
you borrowed my volume of poems
lying that you left yours at home,
and then, between the pages, you slipped an "I love you"...

I still have your note that stays
secret between the yellowed pages of the book,
and next to it, the white bouquet of pressed snowdrops,
the perfume of our love written in the book of life...

Like two romantic children, we loved each other,
it was the first blue-heart love...
When our eyes secretly looked at each other,
a wonderful star blossomed in the universe!

Promit

Promit că nu voi mai rosti nici un cuvânt...
Îți voi vorbi cu sunetul ploii de vară
printre ramurile înflorite ale trandafirului din grădină,
voi vorbi cu foșnetul vântului printre maci grațioși,
cu liniștea dintr-o noapte senină,
cu strălucirea stelelor răsărite după furtună...
Voi vorbi cu toate cântecele și simfoniile
pe care le cunoști...

Nu voi mai spune nici un cuvânt
însă te voi îmbrățisa și îți voi vorbi
cu strălucirea din ochii
tuturor femeilor pe care le întâlnești...

I promise

I promise I won't say another word...
I will speak to you with the sound of summer rain
among the blooming branches of the garden rose,
I will talk with the rustle of the wind among the graceful poppies,
with the stillness of a clear night,
with the brightness of the stars after the storm...
I will speak with all songs and symphonies
that you know...

I won't say another word
but I will hug you and talk to you
with the sparkle in the eyes
to all the women you meet...

Te-am privit...

Te-am privit
și-am trecut
dincolo de tine,
de cuvintele tale,
de ochiul tău
ezitant...

Te-am privit
iar timpul,
a încremenit
între genele mele...

Te-am privit
și-am simțit
curgerea lină a apei,
dansul luminii
cu umbra,
freamătul frunzelor,
adevărul,
iubirea...

I looked at You

I looked at you
I passed
beyond you
beyond your words
beyond your eye
hesitant...

I looked at you
and time
froze
between my eyelashes...

I looked at you
and felt
smooth flow of water,
the dance of light
with shadow
the rustling of leaves,
the truth
the love...

Îndrăgostită de zbor...

Tu, îmi mângâi inima îndragostită
de zborul albastru al prezenței tale
în imensitatea gândului meu...
mi-ești o parte din suflet,
o crâmpeie din soarele de vară
care-a împrumutat chipul tău...

Ai ceva din mine însumi...
ceva nedefinit și incredibil de frumos,
o liniște imensă te înconjoară,
asemeni unui nimb diafan...

Visez că te îmbrățisez
într-un ritual tainic… așa cum
aș îmbrățisa un arbore...
îmi plec fruntea înflorită de gânduri
pe crengile înfrunzite ale gândului tău...
îmbrățișați suntem două râuri
curgând în noapte, două șoapte,
două seve împreunate...

Voi așeza aceste gânduri
într-un poem pe care-l voi dărui
vântului de miazăzi...
nimeni nu va ști,
doar… sufletele noastre
îndrăgostite de zbor...

In love with flying...

You comfort my loving heart
by the blue flight of your presence
in the immensity of my thought...
you are a part of my soul
a ray of summer sun
that borrowed your face...

You have something of me...
something undefined and unyieldingly beautiful,
an immense silence surrounds you,
like a diaphanous nimbus...

I dream that I hug you
in a secret ritual… like
I would hug a tree...
I bend my forehead full of thoughts
on the leafy branches of your thought...
embraced we are two rivers
flowing into the night, two whispers,
two saps together...

I will put these thoughts down
in a poem that I will give away
to the south wind...
no one will know
just… our souls
in love with flying...

Dor necuprins

Acest sentiment
pe care-l trăiesc
alături de tine,
este al sufletului zbor
peste cerul senin,
neîntâlnind
nicio urmă de nor...

Este asemeni
unui urcuş pe-o spirală
de mătase
aninată de stele...
un zbor al sufletului
spre necuprins,
întâlnit doar
în visele mele...

Eu te-am simţit,
ţi-am scris cu sufletul
aceste poeme...
acum eşti lângă mine
atât de aproape
iar cerul se revarsă
peste aripi de păsări,
peste flori, peste ape...

Pe altarul iubirii,
mână în mână
într-un vis,
eu te-am simţit
cu sufletul aproape,
într-un dor necuprins...

Uncontainable longing

This feeling
I live
beside you
it is the flight of the soul
over the clear sky
encountering
no sign of a cloud...

It's the same
a climb on a spiral
of silk
drenched in stars...
a flight of the soul
endlessly,
just met
in my dreams...

I felt you
I wrote these poems to you
with my soul...
now you are next to me
so close
and the sky pours
over bird wings,
over flowers, over waters...

On the altar of love
hand in hand
in a dream
I felt you
with the soul close,
in an uncontainable longing...

Spre tine...

Din buzunarul inimii
aflat în pieptul meu,
eu îți trimit iubitul meu,
o poezie...
Asemeni unei păsări,
zboară spre tine,
n-am așternut-o
încă pe hârtie...

Eu îți transmit
iubirea mea și dorul
care îmi propulsează
sufletul spre soare...
Lumina iubirii
din inimă mi-a izvorât
în raze celeste,
iubire divină, ce nu doare...

To you...

From the pocket of the heart
in my chest
I send you, my lover,
a poem...
Like a bird
it flies to you,
I still didn't write it down
on paper...

I send you
my love and longing
that propels
my soul to the sun...
The light of love
sprang from my heart
in celestial rays,
divine love that doesn't hurt...

În brațele tale

În brațele tale alerg,
când noaptea lin se-așterne
peste câmpuri...
te strig, te chem lângă mine,
să-mi liniștești
albastrele gânduri...

Iubirea mea,
am scris în poeme tot ce port
în sufletul meu de azur...
am șlefuit în versuri
cuvinte strălucitoare,
diamante, fără cusur...

Vino, să-mi fii lumină,
să-mi mângâi tâmpla
cu sărutul unui anotimp albastru ...
o stea de-opal să-mi dăruiești
și să o așezi
în pletele-mi rebele de-alabastru...

În visele mele
aproape te simt,
ești jumatatea mea,
te regăsesc în razele de soare...
te port în privire,
în inimă și-n tainic gând,
în poezia ce-n lumină transpare.

In your arms

Into your arms, I run
when the night gently falls
over the fields...
I call you, I call you to my side,
calm down
my blue thoughts...

My love,
I wrote in poems everything I have
in my azure soul...
I honed in on the lyrics
bright words,
diamonds, flawless...

Come, be my light,
to caress my temple
with the kiss of a blue season...
an opal star to give me
and place it
in my rebellious alabaster locks...

in my dreams
I can almost feel you
you are my other half
I find you in the sunshine...
I have you in my sight,
in heart and secret thought,
in the poetry that transpires in the light.

Autoportret

Priveşte-mă...
tristeţea m-a înveşmântat
într-o noapte fără de stele...
umbrele înserării au poposit
între gingaşe contururi
şi-mi este teamă că vântul va smulge
notele de pe portativ,
simfoniile din inimă şi culorile,
de pe şevalet...

Ovalul chipului e neschimbat,
pletele mi-au crescut
asemeni ierburilor răsfirate de vânt
pe întinderea câmpiei,
însă gravitaţia s-a mărit
şi-mi este greu să zbor
peste golul născut în mine însămi...

Îmbrăţişază-mă în noaptea aceasta,
ţine-mă strîns, acoperă-mă
cu Fiinţa Ta luminoasă, Suflet al meu...
Păstrează-mă lângă tine
şi plângi… plângi împreună cu mine
până când ne va cuprinde
pe-amândoi botezul focului Divin
şi-apoi… apoi strecoară-mă
printr-o lacrimă incandescentă de lumină
şi naşte-mă Phoenix din focul divin
al cenuşii mele!

Self Portrait

Look at me...
sadness dressed me
on a starless night...
the evening shadows have settled
between tender contours
and I'm afraid the wind will tear away
the notes on the stave,
symphonies from the heart and colours,
from the easel...

The oval of the face is unchanged,
my hair has grown
like grass blown by the wind
on the expanse of the plain,
but the gravity increased
and it's hard for me to fly
over the emptiness born in me...

Hug me tonight
hold me close, cover me
with Your luminous Being, my Soul...
keep me close to you
and cry… cry with me
until it engulfs us
the baptism of Divine fire
and then… then slip me
through an incandescent tear of light
and beget me Phoenix from the divine fire
of my ashes!

Dor

Îți mângâi fața
în noapte,
cu palmele mele,
aripi albe
de vise
care dor,

doar

să mă conving
că exiști
cu adevărat,
în lacrima
șoaptelor mele
nerostite, de dor...

Longing

You caress your face
in the night
with my palms
white wings
of dreams
who miss

only

to convince myself
that you really
exist
in the tear
of my whispers
unspoken, longing…

Te-am regăsit

Te știu din timpuri trecute,
când, prin grădini ancestrale,
rătăceam fericiți, mână în mână,
iubindu-ne-n ninsoare de petale...

Ne-a rătăcit apoi, vântul hoinar,
bătând vijelios în viețile trecute...
rătăcitori am fost pe căile sorții,
de suflet și de spirit neștiute...

A apărut miraculos lumina,
când, pe cărarea vieții mele,
ai răsărit ca soarele în zori,
tu - suflet iubitor de îngeri și stele ...

Ești un miracol, divin răsărit
ce-mi dăruiești pace și bucurie...
ești rază curată de lumină
pe care Tatăl mi-a dăruit-o mie...

În noaptea neagră-a dezolării
care părea că nu are sfârșit,
te-am regăsit dulce iubire -
în inima mea vei trăi infinit!

I found you

I know you from the past,
when, through ancestral gardens,
we wandered hand in hand happily
making love in a snow of petals...

Then the wandering wind led us astray,
raging in past lives…
we have been wanderers on the paths of fate,
unknown by the soul and spirit...

The light appeared miraculously,
when, on the path of my life,
you rose like the sun at dawn,
you - the loving soul of angels and stars ...

You are a miracle, a divine sunrise
that gives me peace and joy...
you are a pure ray of light
which the Father has given me...

On the black night of desolation
that seemed to have no end,
I found you, sweet love-
in my heart, you will live forever!

Suflet pereche

Te aşteptam în piaţa veche
a oraşului...
lumina cobora atât de lin
pe-obrajii mei,
pe mâinile albe
coborâseră din cer
păsări solare...
miraculoase raze dansau
în pletele-mi rebele
în acea zi senină de toamnă,
gândurile mele
se înălţau spre cer,
călătoare ...

Porumbeii zburau
printre copii veseli
ce veneu
de la şcoală...
înfloreau crizanteme albe
lângă biserica veche
iar eu te aşteptam
pe tine,
suflet pereche!

Soul mate

I was waiting for you in the old square
of the city...
the light was coming down so smoothly
on my cheeks,
on white hands
sunbirds
had come down from the sky.
miraculous rays danced
in my rebellious locks
on that clear autumn day,
my thoughts
rose to the sky,
travelling...

The pigeons were flying
among happy children
what come
from school...
white chrysanthemums were blooming
near the old church
and I was waiting
for you,
soul mate!

Scrisoare iubitului

Lumină -
să-ți fiu călăuză,
descântec de iubire,
cântec?

Noapte -
să-ți fiu departe,
aproape?

Rană -
să-ți fiu
balsam,
untdelemn,
îmbrățișare,
candelă,
veghe,
lacrimă,
zâmbet,
tăcere,
izvor,
șoaptă de dor?

Iubire -
să-ți fiu alinare,
iertare,
binecuvântare?
Cum vrei...
Fie!

Letter to lover

Light -
to be your guide
love spell,
song?

Night -
to be far from you
close?

Wound -
to be you
balm,
oil,
hug,
candle,
watch,
tears,
smile,
silence,
spring,
whisper of longing?

Love -
to be your comfort
forgiveness,
blessing?
How do you want...
Be it!

Iubire

Deschizi uşa
transparentă
a acestui templu...
al tău, al meu,
al inimii mele...

Deschizi uşa
şi intri uşor,
imponderabil,
cu chipul tot
numai zâmbet...

Love

You open the transparent
door
of this temple...
yours, mine
of my heart...

You open the door
and enter easily,
weightless,
with all the face
just smile...

Dorință

Să nu-mi iei niciodată
poemele
ce mi le-ai dăruit...
le-am așezat
în inimă,
le-am semănat
într-o iubire
fără de sfârșit...

Să nu-mi iei niciodată
visarea
ce mi-ai dăruit-o
în nopțile albastre,
când sufletul,
ușor s-a înălțat
cu tine, călătorind
spre astre...

Să nu-mi iei niciodată
bucuria
de-a te avea
alături de mine-n poezie,
suflet iubit...
Tu - cel ce cânți
o melodie
atât de dragă mie...

Desire

Never take from me
the poems
you have given me...
I placed them
in the heart
I sowed them
in a love
without end...

Never take from me
the dream
you have given me
in the blue nights
when the soul
easily rose
with you, travelling
to the stars...

Never take from me
the joy
to have you
with me in poetry,
dear soul...
You - the one singing
a song
so dear to me...

Fără titlu

Acolo unde sunt eu,
exişti şi tu...
eşti impregnat în fiecare celulă
a corpului meu,
eşti tatuajul iubirii
în bătăile inimii mele...
eşti sărutul îngerilor
în sufletul meu...

Te găsesc fără să vreau
în interiorul unei fraze,
printre cuvintele pe care
le şopteşte inima mea,
neştiind unde să se oprească,
unde este virgula, punctul
sau semnul de exclamaţie...

Eşti rapsodia cântată
de razele de soare,
atunci când te găsesc
rătăcind printre versurile
poemului meu de dragoste...

- Cine eşti străin călător,
atât de aproape de mine -
te întreb cu un zâmbet...
iar tu răspunzi visător:
- Priveşte-mă cu atenţie,
eu, sunt tu!

No title

Where I am
you exist, too...
you are unfused in every cell
of my body
you are the tattoo of love
in my heartbeat...
you are the kiss of angels
in my soul...

I find you without wanting to
within a sentence,
among the words
my heart whispers to them,
not knowing where to stop
where is the comma, the period
or the exclamation point...

You are the sung rhapsody
by the sunrays,
when I find you
wandering among the verses
of my love poem...

- Who are you, foreign traveller,
so close to me -
I ask you with a smile...
and you answer dreamily:
- Look at me carefully,
me, it's you!

Sunt un poem

Sunt un poem...
citeşte-mi fiecare vers,
ascultă-mi fiecare vocală,
simte-mi fiecare bătaie a inimii...
trece-o prin tine,
prin sufletul, prin inima ta...
răsfoieşte-mă cu
degetele îndrăgostite
ale gândului tău, iubitule...

Sunt un poem atipic
- inima mea,
te va surprinde -
uneori bate duios,
în zbor spre cer,
asemeni unei melodii
de flaut...

Alteori, bătăile-i seamănă
cu cântecul apelor
de munte
rostogolindu-se vijelios
peste stâncile "gurii de rai"
unde m-a născut maica mea...

I am a poem

I am a poem...
read me every line
listen to my every vowel
feel my every heartbeat...
get it through you
through your soul, through your heart...
browse me with
fingers in love
of your mind, my love...

I am an atypical poem.
- my heart,
will surprise you -
sometimes it beats tenderly,
in flight to the sky,
like a song
of flute...

Other times, the beats are similar
with the song of the waters
of the mountain
rolling wildly
over the rocks of the "heaven's gate"
where my mother gave birth to me...

De când ai plecat

De când ai plecat,
au plecat şi cocorii,
spre alte zări
au zburat -
în suflet mi-au rămas
doar norii...

De când te-ai depărtat
în infinita cerului
splendoare,
sunetul ploii-am ascultat -
am adunat petale albe
din nisoare...

De când ai plecat din senin,
am strâns la piept
lacrimi amare,
doar în vis îmbrăţişez
chipul tău,
care-n lumină transpare...

Since you left

Since you left
the storks also left,
to other lands
they flew -
only the clouds
remained in my soul...

Since you moved away
in the infinity of the sky,
splendour,
I listened to the sound of the rain
I collected white petals
from snow...

Since you left out of the blue,
I clutched bitter tears
to my chest,
I hug only in the dreams,
your face
which in the light transpires...

M-am trezit, iubind

M-am trezit iubind...
lumina zărind,
ochii deschizând,
aer respirând,
uimire având,
lacrimă, vărsând....

M-am trezit iubind...
vântul adiind,
frunza fremătând,
soarele arzând,
ceața despicând,
apa lin curgând...

M-am trezit iubind...
floarea înflorind,
roua picurând,
aer parfumând,
fluturii zburând,
pasărea cântând...

M-am trezit iubind...
luna răsărind,
taina revărsând,
inima bătând,
cerul luminând,
îngerii zburând...

M-am trezit iubind...
steaua strălucind,
omul drag cântând,
zâmbetul purtând,
visele urmând,
speranță având...

I woke up loving

I woke up loving...
light peeking,
opening eyes
air-breathing,
wonder having,
tear, shedding...

I woke up loving...
the wind blowing
quivering leaf,
the sun burning
fog splitting,
water flowing smoothly...

I woke up loving...
flower blooming,
dew dripping
air scenting,
butterflies flying,
the bird singing...

I woke up loving...
moon rising
mystery pouring out
heart beating
the sky shining
angels flying...

I woke up loving...
star shining,
dear man singing
smile wearing,
following dreams
hope to have...

În templul inimii

În templul inimii,
Tu mi-ai adus iubirea
şi fericirea din înalte sfere,
când îngerii în ceruri zboară
şi-mpărtăşesc în lume
sfioase simfonii din flori, mistere...

Când mâna Ta
întinsă către mine
m-a ridicat din ţărna ce eram,
mi-ai arătat ce-nseamnă libertatea
în trilul bucuros al păsării
ce minunat cântă pe ram ...

Liniştea inimii mi-ai dăruit,
imponderabilitatea,
libertatea fără-nceput şi sfârşit...
firescul de a fi ceea ce sunt,
demnitatea de-a fi Om
pe pământ!

In the temple of the heart

In the temple of the heart
You brought me love
and happiness from high spheres,
when the angels fly in heaven
and share with the world
shy symphonies of flowers, mysteries...

When Your hand
stretched out to me
raised me from the dust I was,
you showed me what freedom means
in the happy trill of the bird
that wonderfully sings on the branch ...

You gave me peace of mind,
weightlessness,
freedom without beginning and end...
the nature of being what I am,
the dignity of being Human
on the land!

Te regăsesc

Te regăsesc în raza divină
ce mă îmbrățisează,
te regăsesc într-un cântec
ce auzu-mi luminează...

Te regăsesc hoinărind
prin iarba ce crește,
te regăsesc în cuvântul
ce tainic viața-mi zidește...

Te regăsesc pe țărmuri
de vise despletite, albastre
în petale risipite de vânt,
plecate din suflet spre astre...

Te regăsesc în genuni,
în adânc de pădure,
în ropot de ploaie,
șoptind versuri pure...

Te regăsesc privind spre stele
în noaptea cea senină,
te regăsesc într-o carte
cu coperți de Lumină...

I find you again

I find you again in the divine ray
that hugs me
I find you again in a song
that enlightens my hearing...

I find you again wandering
through the grass that grows
I find you again in the word
that my life is building mysteriously...

I find you on the shores
of broken, blue dreams
in petals scattered by the wind,
left from the soul to the stars...

I find you again in crevasses
deep in the forest,
in the rain,
whispering pure lyrics...

I find you again looking up at the stars
in the clear night
I find you again in a book
with covers of Light...

Te trăiesc în transă

Te trăiesc în transă…
împărtășim
aceeași inimă măiastră,
acelaș univers albastru
în ton de alabastru...
aud cuvintele tale
venite din planul subtil,
sunt șoapte
ce se-apropie
de inima mea, tiptil...
le scriu repede
ca o tornadă,
să nu zboare în eter,
să nu se piardă...
se răsfiră asemeni
petalelor de lotus în univers,
înfloresc,
zboară spre cer în vers...
asemeni unei cascade
curg în lume,
se revarsă în inima mea
în spume...
alteori vântul le zboară
în noapte, în șoapte,
strecurându-mi-le tăinuit
sub pleoape,
să-mi fie de inimă aproape,
de iele, de stele,
de albăstrele,
de visele mele...

Daniela Topîrcean

I live you in a trance

I live you in a trance...
we share
the same masterful heart,
same blue universe
in alabaster tone...
I hear your words
coming from the subtle plane,
there are whispers
coming
to my heart, slowly...
I write them quickly
like a tornado
not to fly into the ether,
not to be lost...
they also spread
like lotus petals in the universe,
bloom,
fly to the sky in verse...
like a waterfall
they flow into the world
they pour into my heart
in foam...
sometimes wind blows them away
in the night, in whispers,
secretly sneaking them to me
under the eyelids,
to be close to my heart,
of beauties, of stars,
of bluebells,
of my dreams...

Te-aștept

Te-aștept
pe steaua noastră solitară
când vor adormi
clepsidrele-ntr-o seară...
fluturi imaculați
ne vor urma
într-un alai
de nuntă selenară...

Voi sosi
zburând ușor
pe-o rază de lună...
iubitul meu să mă primești
la tine-n brațe,
când seara
blând se-așterne
pe glia străbună...

Îți voi aduce-n dar
primăveri
înflorite-n privirea mea,
simfonii de cleștar...
voi transforma
tristețea ta în zâmbet,
cu un sărut
voi stinge orice gând amar...

În poiana cu-ale inimii
rapsodii nescrise,
printre imaculate narcise,
iubitul meu,
te-aștept să vii,
ne vom vedea în vise...

I'm waiting for you

I'm waiting for you
on our lonely star
when hourglasses fall asleep
in an evening...
immaculate butterflies
will follow us
in a procession
of solemn wedding...

I will arrive
flying easily
on a moonbeam...
my love take me
into your arms
when in the evening
gently lay down
on the ancestral land...

I will bring you a gift
springs
crystal symphonies
blooming in my sight...
I will transform
your sadness in a smile
with a kiss
I will extinguish every bitter thought...

In the unwritten rhapsodies meadow
of my heart,
among immaculate daffodils,
my lover
I'm waiting for you to come,
we will see each other in dreams...

Vals

Iubirea ta e zbor divin şi vis,
iubirea ta e dor de paradis,
iubirea ta-i cuvânt între astre
iubirea ta-i în florile albastre...

Iubirea ta mi-e scumpă,
iubirea ta mi-e dragă,
iubirea ta mă-nalţă,
e viaţa mea întreagă...

Iubirea ta îmi cântă,
iubirea ta-mi strecoară
vocale dulci în suflet,
sosite-n prag de seară...

Iubirea ta mă-ndeamnă,
iubirea ta mă luminează,
în viaţă de am zbucium,
să stau în cuget trează...

Iubirea ta mă protejează,
prin intuiţie-mi vorbeşte,
doar sufletu-mi ascult când
vântul în cale-mi şopteşte...

Iubirea ta e zbor divin şi vis,
iubirea ta e dor de paradis,
iubirea ta-i cuvânt între astre,
iubirea ta e-n florile albastre...

Waltz

Your love is divine flight and dream,
your love is paradise longing
your love is the word between the stars
your love is in the blue flowers...

Your love is precious to me
your love is dear to me
your love lifts me up
it's my whole life...

Your love sings to me
your love sneaks up on me
sweet vocals in the soul,
arrived in the evening...

Your love urges me
your love lights me up
to stay awake in thought
when I have trouble in life...

Your love protects me
through intuition speak to me,
only my soul listens when
the wind in my way whispers...

Your love is divine flight and dream,
your love is paradise longing
your love is the word between the stars
your love is in the blue flowers...

Meditație

Lasă-mă să respir...
să te caut,
să te privesc
cu ochii închiși,
așa cum aș privi
un vis frumos,
pe care nu-l vreau risipit...

Lasă-mă să tac
și să te caut
în mine însămi,
lasă-mă să găsesc taine
pe care niciodată
nu le-am bănuit...

Lasă-mă să pășesc
cu ochii închiși
pe această cărare,
înveșmântată
doar în lumina blândă
a primăverii...

Lasă-mă să simt
cum răsari în mine însămi
ca un astru
incandescent...
Nu pleca,
dăruiește-mi
timpul și spațiul...

Lasă-mă să tac,
să iubesc,
să simt că toate cuvintele
de dragoste

risipite în căuşul inimii mele,
se topesc
în emoţia aceea
de la facerea lumii...

Lasă-mă
să le reinventez
în felul meu,
frumoase şi simple
şi-apoi, să ţi le şoptesc
pe fiecare în parte,
la nesfârşit...

Meditation

Let me breathe...
to look for you
to look at you
with eyes closed
as I would look at
a beautiful dream
which I don't want to be wasted...

Let me shut up
and look for you
in myself
let me find secrets
which I have never
suspect them...

Let me step
with closed eyes
on this path
dressed
only in the soft light
of spring...

Let me feel
as it arises in myself
like a star
incandescent...
Don't go away,
grant me
time and space...

Let me shut up
to love
to feel that all the words
of love

scattered in the cup of my heart,
melt
in that emotion
from the creation of the world...

Let me
reinvent them
in my way
beautiful and simple
and then whisper them to you
each one separately,
endlessly...

Tu ești...

Tu ești răspunsul
la întrebările
inimii mele,
tu ești lumina
răsărită între stele...

Tu ești prezența
ce-ntotdeauna
în suflet
am simțit,
ești rază de lumină,
sublim răsărit...

Mă-nvălui în lumina
și iubirea ta
nestinsă,
îmi vindeci aripa
și mă înalți
în lumea de lumină
necuprinsă...

Îmi ești sărut
în noaptea
înfrigurată,
o poartă spre
lumina din suflet
binecuvântată ...

Îmbrățișare
dulce mi-ești,
nectar,
pe buzele-nsetate,
cuvântul tău
mi-aduce-n suflet,

comori nemăsurate...

You are...

You are the answer
to the questions
of my heart
you are the light
risen among the stars...

You are the presence
I always
felt
in the soul
you are a ray of light
sublime sunrise...

I hug in your light
and love
unextinguished,
you heal my wing
and lift me up
in the world of boundless
light...

you are my kiss
in the chilled
night,
a gate to
the blessed light
from the soul...

Embrace
you are sweet to me
nectar,
on thirsty lips,
your word
brings treasures beyond measure

to my soul...

Te iubesc

(Rugăciune)

Îți spun - Te iubesc,
cu aripile speranței
ce mi-ai dat...
Îți spun - Te iubesc,
cu lacrima
pe-obrazul meu,
înseninat...

Rostesc - Te iubesc,
cu toate
diminețile senine...
cu nopțile-nstelate,
cu toate visele
din mine...

Îți spun - Te iubesc,
cu liniștea
din rugăciune,
cu pacea
ce mi-ai dăruit-o
și cu Lumina
ce-ai sădit-o-n mine!

I love you

(Prayer)

I tell you - I love you,
with the wings of hope
you have given me...
I tell you - I love you,
with the tear
on my brightened
cheek...

I say - I love you,
with all
clear mornings...
with the starry nights,
with all the dreams
from me...

I tell you - I love you,
with the silence
from prayer
with peace
you gave me
and the Light
you have planted in me!

Tainica iubire

Când flori de tei
plutesc în aer lin,
pășesc pe-același drum,
sub teii din dumbravă,
ce-și scutură
în picuri limpezi de parfum,
iubirea-nmiresmată,
în eterna vară...

Pășesc în anotimpul tainic
al iubirii noastre,
când versul tău
ascuns într-un bilet
de-adolescent timid,
a înflorit iubirea
înălțând-o în candide astre…

Atâta imensitate
de tainică iubire,
în vara plină
de-al teilor parfum,
ne-a copleșit pe amândoi
și-ntreaga fire,
născându-ne în suflet dorul
greu de purtat
și inuman de crud...

Secret love

When linden flowers
float in smooth air,
I walk the same road
under the linden trees of the meadow,
that shake
scented love
in clear drops of perfume
in eternal summer...

I am entering the mysterious season
of our love
when your verse
hidden in a shy teenager
note
love blossomed
elevating it to candid stars

Such immensity
of secret love,
in full summer
of linden perfume,
overwhelmed us both
and the whole world,
giving birth to longing in our souls
hard to wear
and inhumanly cruel...

Dragostea

Dragostea ta
este dorul deşertului
îndelung însetat,
este dorinţa oceanului
de-a atinge ţărmul
mult căutat...

Dragostea mea
este uşoară
ca eterul,
este zborul
fulgilor de nea
este misterul...

Dragostea mea
este vântul
ce scutură
cireşii în floare,
este incandescenta
rază de soare...

Dragostea mea este totul
de la firul de iarbă
la fulger,
de la piatra pe care
calci grăbit,
la zborul unui înger...

Love

Your love
it is the longing of the desert
long thirsty
it is the desire of the ocean
to touch the shore
much sought after...

My love
is easy
like ether
it's the flight
of snowflakes
it is the mystery...

My love
it's the wind
that shakes
cherry blossoms,
it is incandescent
ray of sunshine...

My love is everything
from the blade of grass
to lightning,
from the stone on which
you walk fast
to the flight of an angel...

Privește-mă

Prin ochii Sufletului tău,
privește înțelept, cuvântul,
care-mi reflectă,
din cerul inimii, veșmântul,
când taina nopții
îmi strecoară metafore în vers,
și stele strălucesc,
vibrând solemn, în univers...

Iubitul meu, privește-mi Sufletul,
în cristaline unde,
pe șevaletul toamnei,
s-au combinat culori profunde...
o stea îmi spune
că ești tu, cel așteptat
în nopți de catifea,
în vise care ning,
petale de argint, pe tâmpla mea...

Privește-mă, și nu lua în seamă,
penelul anotimpului,
care-mi încondeiaza fruntea albă,
prin curgerea timpului,
căci dincolo de trup,
atemporal, trăiește-n mine Sufletul
iar versul poemului de dragoste,
îmi este zâmbetul...

Look at me

Through the eyes of your Soul,
look wise, the word,
that reflects to me
from the sky of the heart, the garment,
when the mystery of the night
metaphors sneak into my verse,
and stars shine
vibrating solemnly in the universe...

My love, look upon my Soul,
in crystal waves
on the easel of autumn,
deep colours were combined...
a star tells me
that it is you, the one expected
in velvet nights
in dreams that snow,
silver petals, on my temple...

Look at me and ignore
the brush of the season,
that seals my white forehead,
over time
for beyond the body,
The Soul lives in me timeless
and my smile is
the line of the love poem...

Eu te-am iubit

Eu te-am iubit
transcendental,
eu te-am iubit
în taină...
păreai un vis
albastru, ireal,
ce mi s-a prins
de-a sufletului haină ...

Intens mă atrageai
cu slova ta
scrisă măiastru
în poeme
dar ce păcat
că vorba ta
nu o spuneai,
pe mine
să mă cheme...

Era al alteia
izvorul cel secret
ce te-adăpa
în taină...
Rămas-ai doar
un tainic vis
ce mi s-a prins
de-a sufletului haină…

I loved you

I loved you
transcendental,
I loved you
in secret...
you looked like a dream
blue unreal
that caught me
of the soul coat ...

I was intensely attracted to you
with your word
masterfully written
in poems
but what a pity
that you didn't say
the word
to call me...

The secret spring
that water you
in secret
was someone else's...
You remain
a secret dream
that caught me
of the soul coat...

Te iubesc

Te iubesc tăcut, îți cânt...
îți rostesc numele ușor,
cu unicul sunet, unica vocală
de înaltă frecvență a iubirii
ce reverberează
valuri luminoase,
transcendente,
unduindu-se în univers,
în liniștea sufletului meu...

Suntem uniți de-a pururea
în fața stelelor,
în fața Îngerilor
pe care-i rog mereu
să te ocrotească...

I love you

I love you silently, I sing to you...
I say your name softly
with the only sound, the only vowel
high frequency of love
that reverberates
light waves,
transcendent,
rippling into the universe
in the peace of my soul...

We are united forever
in front of the stars
before the Angels
which I always ask for
to protect you...

***

Despre Autor

Daniela Topîrcean, absolventă a Universității Lucian Blaga din Sibiu, licențiată în inginerie, a devenit membră a Societății Scriitorilor Români în ianuarie 2023.

Pasionată de poezie încă de pe băncile liceului și ale facultății, a publicat o parte din poemele sale în primul volum de versuri "Ferestre-poeme de iubire", volum ce a văzut lumina tiparului în martie 2021, la editura Letras, fiind urmat de varianta lui în limba engleză "Windows open to Love". În luna noiembrie 2023, a publicat volumul "Aripi de Phoenix", la editura PIM, editură ce a publicat și volumul de haiku "Anemone de Opal", în martie 2024. Tot în 2024 a publicat volumul trilingv "Petale - Poeme Kaiku I - și "Fluturi - poeme Haiku II" pe Amazon și volumele bilingve "Dansuri Subtile - Poeme de iubire I" și "Șoapte din Lumină - Poeme de iubire II" pe platforma Draft2Digital.

În anul 2020, a devenit colaborator al platformei spaniole Masticadores publicându-și creația atât în limba română cât și în limba engleză, pe două dintre blogurile platformei: MasticadoresRomania și GobblersMasticadores.

Începând din anul 2022, a devenit colaborator la revistele "Luceafărul din Vale", "Inimă de român", "Revista vitrina cu poezii", "Amprentele sufletului", "Cervantes Internațional" și "Steaua Dobrogei".

Din luna octombrie 2022 a început să publice poeme haiku pe platforme social media, în diverse grupuri literare românești și internaționale. Aprecierea poemelor este reflectată de premiile primite pentru unele dintre ele, de publicarea lor în reviste și publicații de gen și de traducerea lor în limba japoneză. Din 2023 este prezentă cu poeme haiku în suplimentul revistei "Surâsul Bucovinei" şi în revista "72 de Anotimpuri".

A devenit colaboratoare a unor antologii literare după cum urmează:

• În anul 2022: "Insomnii stelare" (Vol.2), editura PIM; "Pe urmele lui Goga - Antologie", editura InfoRapArt; "**Zâmbet**" şi "**Lacrimă**", editura **Artpress Timişoara**; "Îmbrăţisări stelare" (Vol.2), editura PIM; "Pe urmele lui Goga - Tradiţii şi obiceiuri româneşti", editura InfoRapArt;

• În anul 2023: "Lumină din Lumină" Antologie de paşti, editura Cervantes; "Mirajul iubirii… Misterul trădării…" (Vol. IV), editura PIM; "Parfumul clipei - Antologie literară XX", editura PIM; "Pe bolta verii stele literare" (Vol. 3), editura PIM; "Tărâmul frunzelor călătoare", **Haiku anthology ediţia a-II-a**, editura Cervantes; "Columna Iubirilor Eterne", editura LUCVAL& KEN; "**Răvaşe în sticluţe pe frunze arămii**" (vol. V), editura PIM; "Prin verile aurii - Mozaic literar", editura PIM;

• În anul 2024: "**Din dor de Eminescu**" ediţia a 4-a, editura Cervantes; "Columna iubirilor eterne", editura LUCVAL&KEN.

În prezent, autoarea are deja în lucru alte proiecte literare.

***

About The Author

Daniela Topîrcean, a graduate of Lucian Blaga University in Sibiu, with Bachelor degree in engineering, became a member of the Society of Romanian Writers in January 2023.

Passionate about poetry since high school and college, she published part of her poems in her first volume of poems, "Ferestre - poeme de iubire", a volume that saw the light in March 2021, at the Letras Publishing House, followed by its English version "Windows open to Love". In November 2023, she published the volume "Aripi de Phoenix" at the PIM Publishing House, which also published the haiku volume "Anemone de Opal" in March 2024. In April 2024 she published trilingual volumes "Petals - Haiku Poems I" and "Butterflies - Haiku Poems II" on Amazon and bilingual volumes "Dansuri Subtile - Poeme de iubire I" and "Șoapte din Lumină - Poeme de iubire II" on Draft2Digital.

From 2020, she became a collaborator of the Spanish platform Masticadores, publishing her creation both in Romanian and in English, on two of the platform's blogs: MasticadoresRomania and GoblersMasticadores.

Starting from the year 2022, she became a collaborator of the magazines "Luceafărul din Vale", "Inimă de român", "Revista vitrina cu poezii", "Amprentele sufletului", "Cervantes International" and "Steaua Dobrogei".

From October 2022, she started publishing haiku poems on social media platforms, in various Romanian and international literary groups. The appreciation of the poems is reflected by the awards received for some of them, their publication in magazines and genre publications, and their translation into Japanese. Since 2023, she is present with haiku poems in the supplement of the magazine "Surâsul Bucovinei" and in the magazine "72 de Anotimpuri".

She also became a collaborator of some literary anthologies, as follows:

• In 2022: "Insomnii stelare" (Vol.2), PIM Publishing House; "Pe urmele lui Goga - Antologie", InfoRapArt Publishing House; "Zâmbet" şi "Lacrimă", Artpress Timisoara Publishing House; "Îmbrăţisări stelare" (Vol.2), PIM Publishing House; "Pe urmele lui Goga - Tradiţii şi obiceiuri româneşti", InfoRapArt Publishing House;

• In 2023: "Lumină din Lumină" Antologie de paşti, Cervantes Publishing House; "Mirajul iubirii… Misterul trădării…" (Vol. IV), PIM Publishing House; "Parfumul clipei - Antologie literară XX", PIM Publishing House; "Pe bolta verii stele literare" (Vol. 3), PIM Publishing House; "Tărâmul frunzelor călătoare", Haiku anthology ediţia a-II-a, Cervantes Publishing House; "Columna Iubirilor Eterne", LUCVAL& KEN Publishing House; "Răvaşe în sticluţe pe frunze arămii" (vol. V), PIM Publishing House; "Prin verile aurii - Mozaic literar," PIM Publishing House;

• In 2024: "Din dor de Eminescu" ediţia a 4-a, Cervantes Publishing House; "Columna iubirilor eterne", LUCVAL&KEN Publishing House.

• The author is already working on other literary projects.

***

9 798222 771124